I SPY

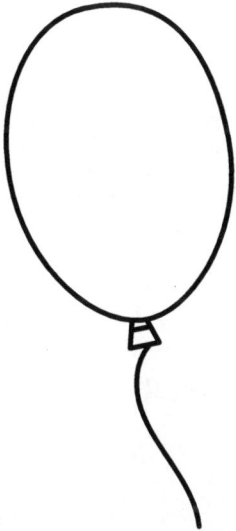

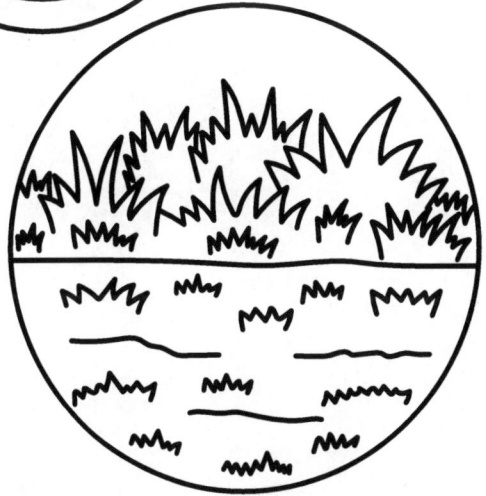

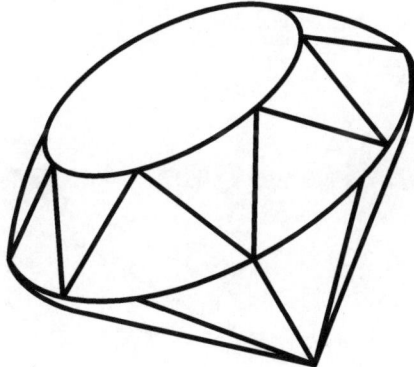

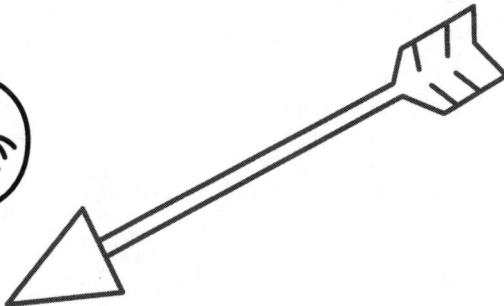

A is for ARROW

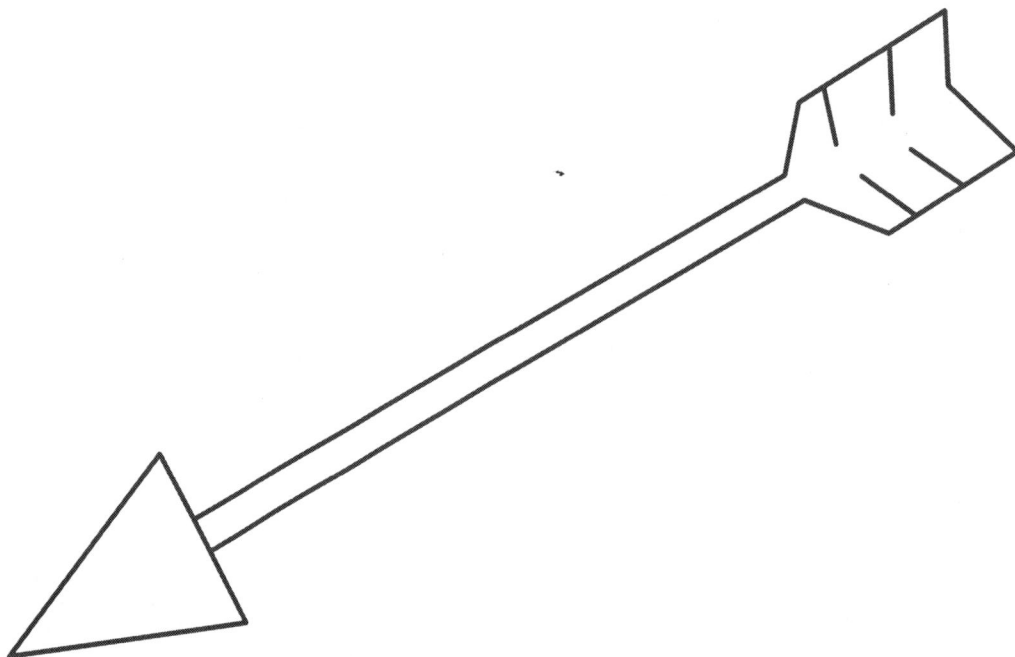

ANSWER

I SPY AND COUNT

 _____  _____

 _____  _____

I SPY

I SPY B

is for

BUNNY

ANSWER

I SPY AND COUNT

  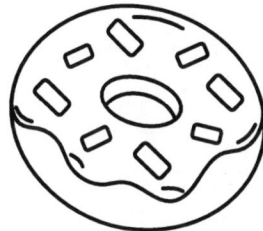 

 _____    _____

 _____    _____

I SPY

I SPY C

is for

CART

ANSWER

I SPY AND COUNT

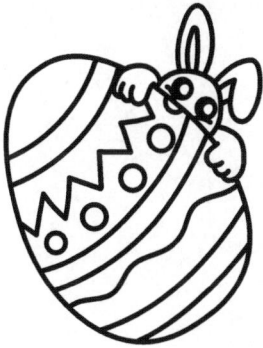   

  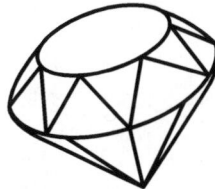

 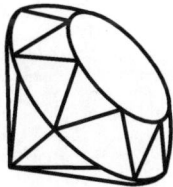  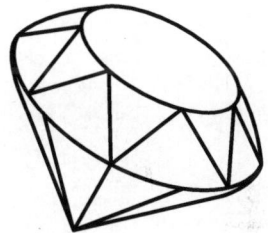

 _____    _____

 _____    _____

I SPY

I SPY D

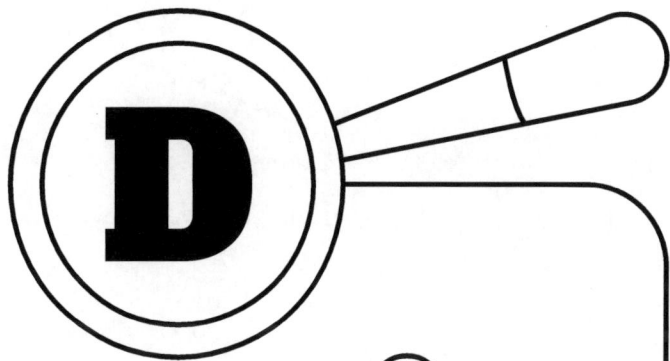

D is for

DAISIES

ANSWER

I SPY AND COUNT

 _____

 _____

 _____

 _____

I SPY

I SPY E

E

is for

EGGS

ANSWER

I SPY AND COUNT

 _____  _____

 _____  _____

I SPY

I SPY F

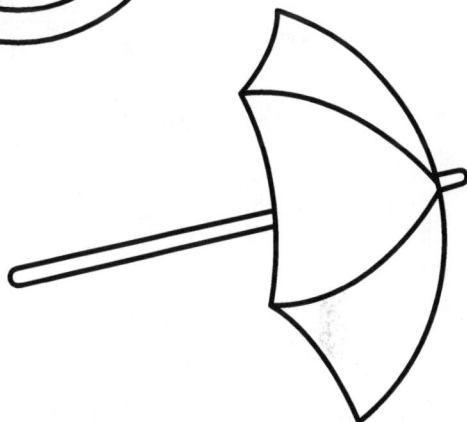

F is for

FAMILY

ANSWER

I SPY AND COUNT

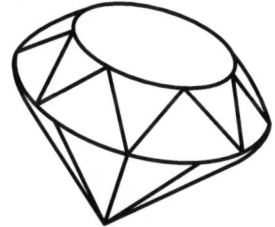

 _____

 _____

 _____

 _____

I SPY

I SPY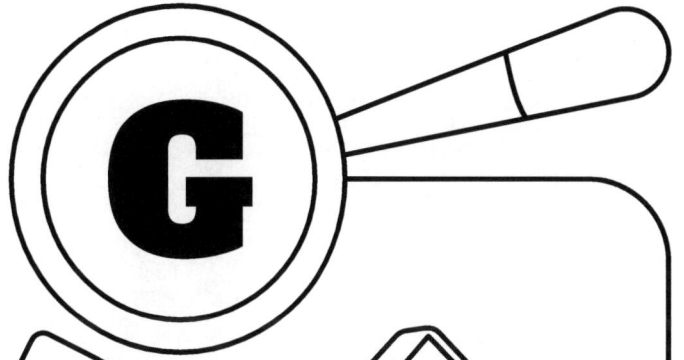

  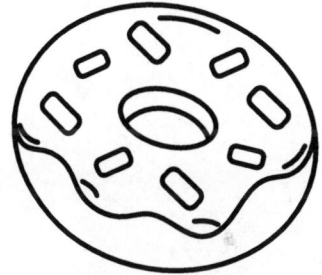

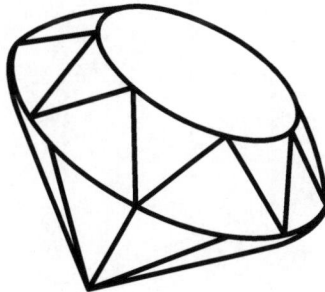 

is for

GIFT

ANSWER

I SPY AND COUNT

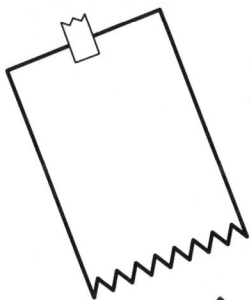

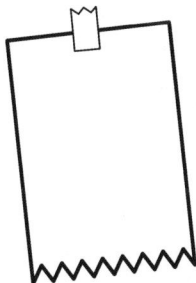

 _____

 _____

 _____

 _____

I SPY

I SPY H

H is for

HOME

ANSWER

I SPY AND COUNT

 _____    _____

 _____    _____

I SPY

I SPY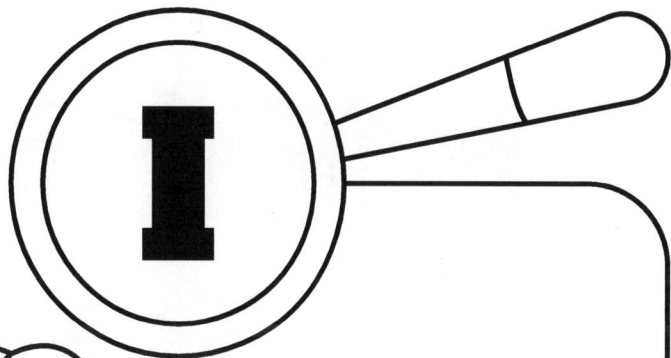

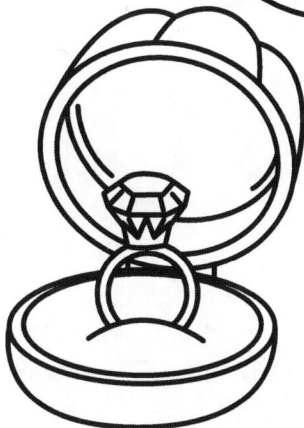

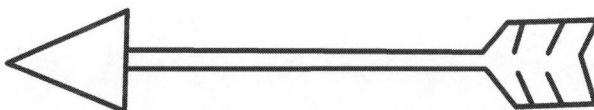
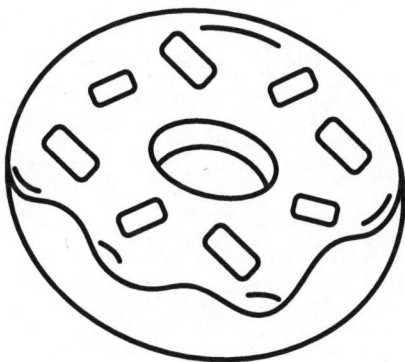

I is for

ICE CREAM

ANSWER

I SPY AND COUNT

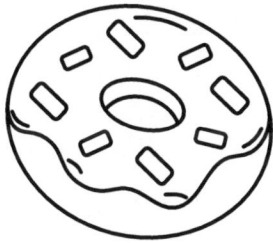   

 _____  _____

 _____  _____

I SPY

I SPY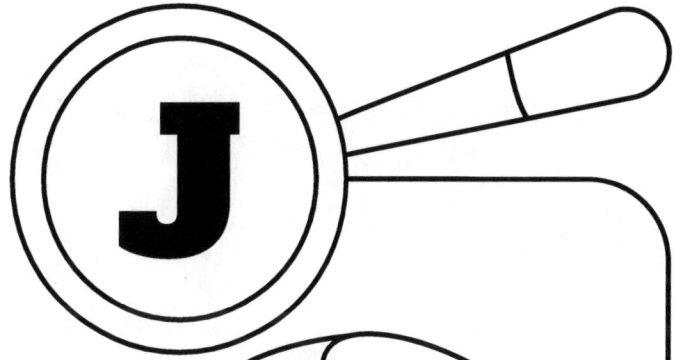

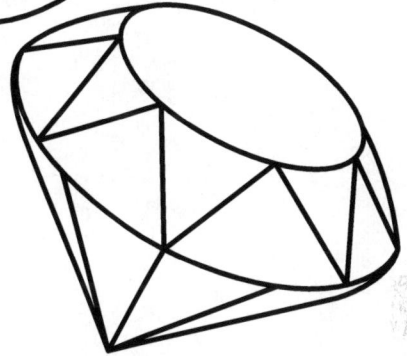

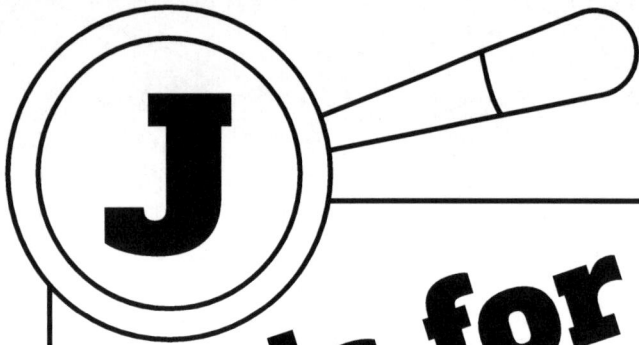

J is for

JEWEL

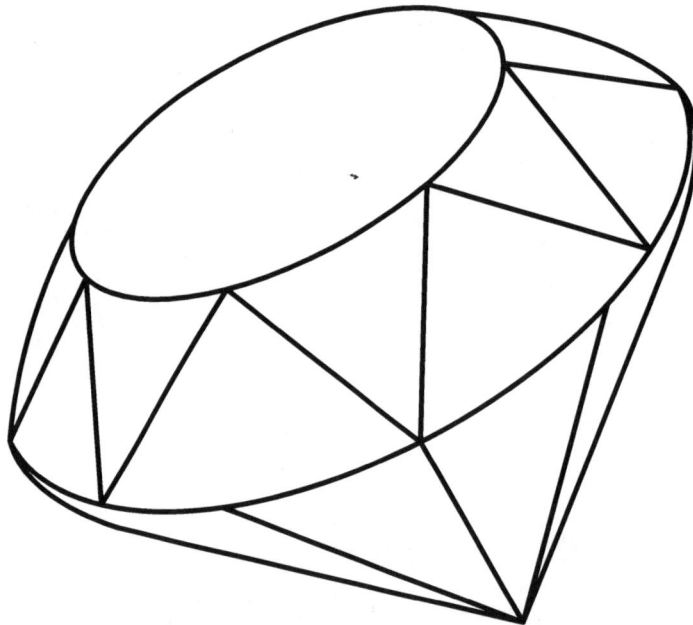

ANSWER

I SPY AND COUNT

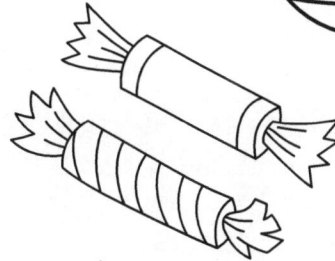

 _____    _____

 _____    _____

I SPY

I SPY (K)

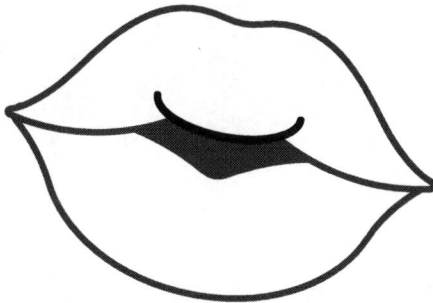

is for

KISSES

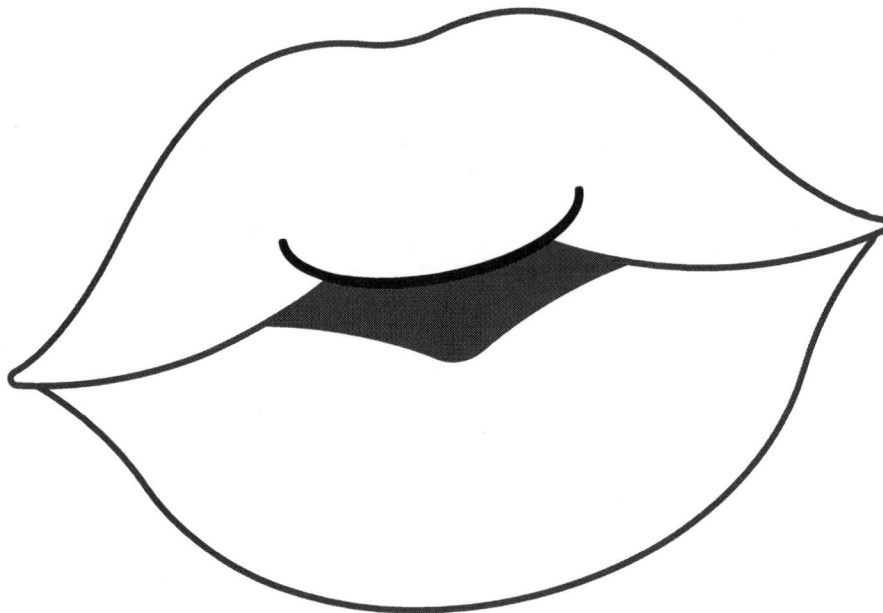

ANSWER

I SPY AND COUNT

 _____    _____

 _____    _____

I SPY

I SPY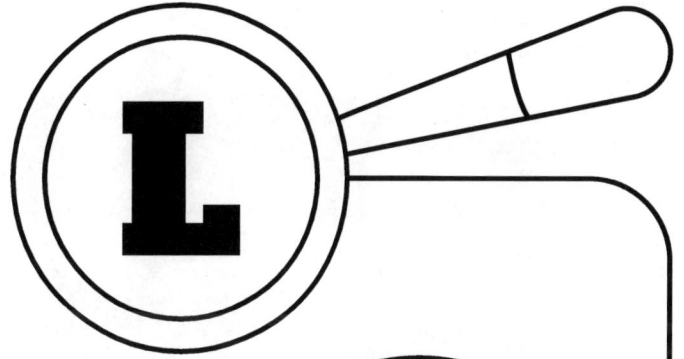

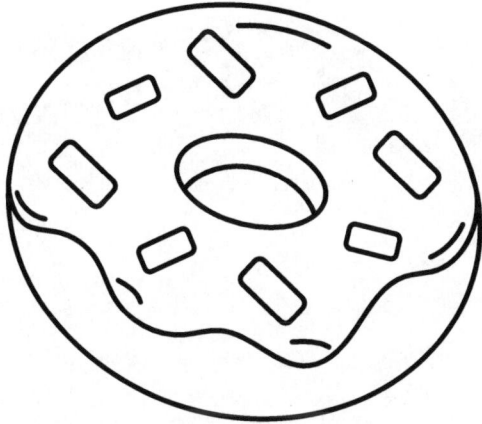

is for

LILIES

ANSWER

I SPY AND COUNT

 _____

 _____

 _____

 _____

I SPY

I SPY M

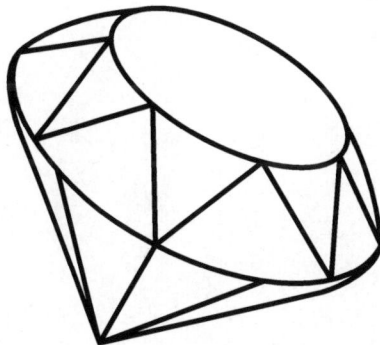

M is for

MUSIC

ANSWER

I SPY AND COUNT

 _____    _____

 _____    _____

I SPY

I SPY N

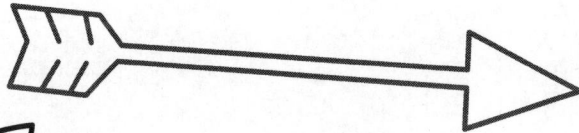

is for NEST

ANSWER

I SPY AND COUNT

    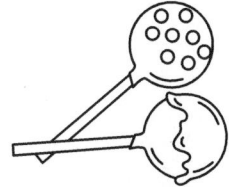

  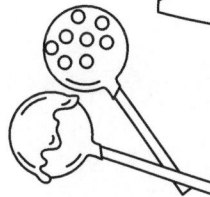 

 _____    _____

 _____    _____

I SPY

I SPY O

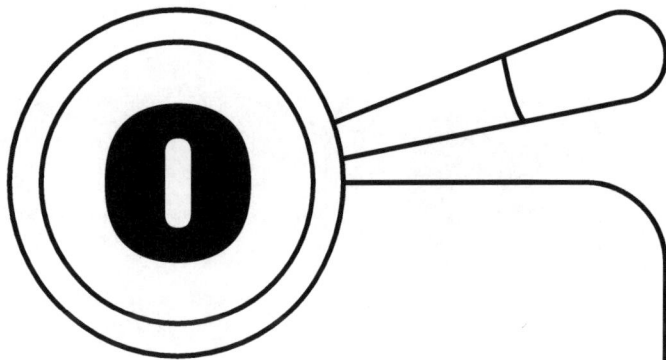

is for

ORNAMENT

ANSWER

I SPY AND COUNT

 _____  _____

 _____  _____

I SPY

I SPY P

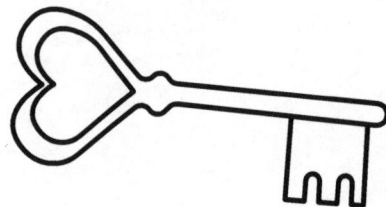

is for

PUDDLE

ANSWER

I SPY AND COUNT

 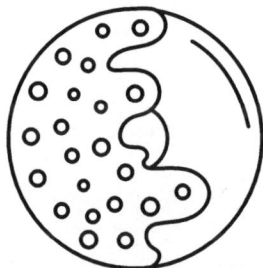  

 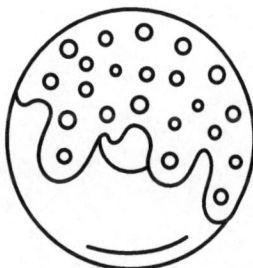

 _____

 _____

 _____

 _____

I SPY

I SPY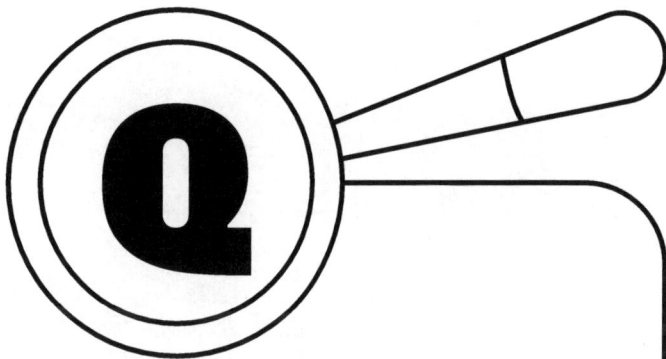

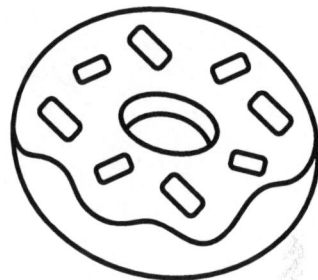

 **is for QUEEN**

ANSWER

I SPY AND COUNT

   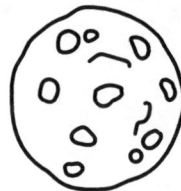

 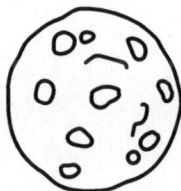  

 _____    _____

 _____    _____

I SPY

I SPY R

R is for **ROSE**

ANSWER

I SPY AND COUNT

 _____    _____

 _____    _____

I SPY

I SPY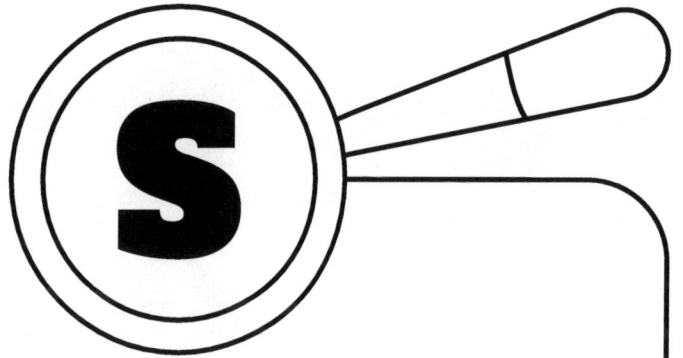

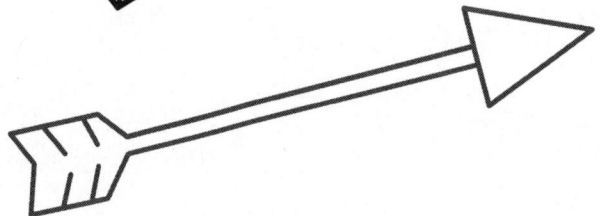

S is for

STRAWBERRY

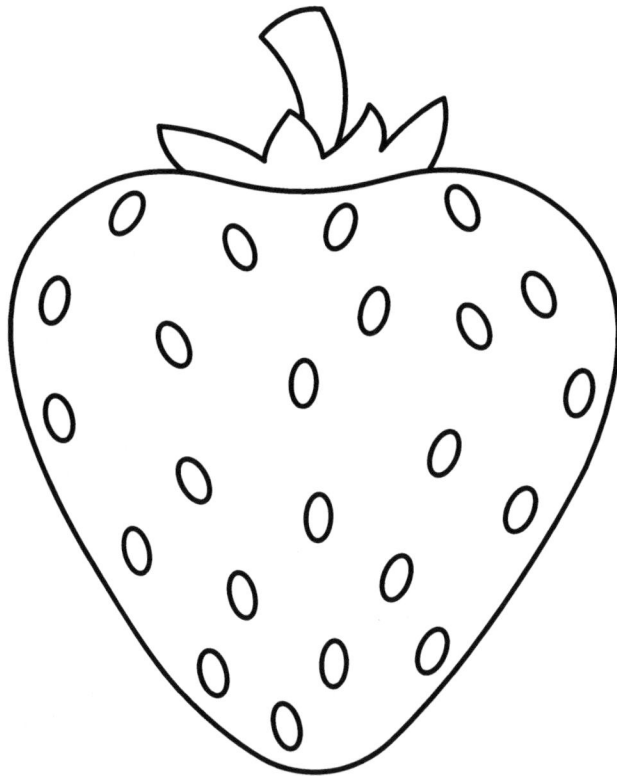

ANSWER

I SPY AND COUNT

 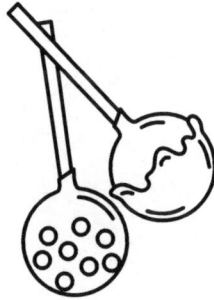  

 _____    _____

 _____    _____

I SPY

I SPY T

is for

TEA

ANSWER

I SPY AND COUNT

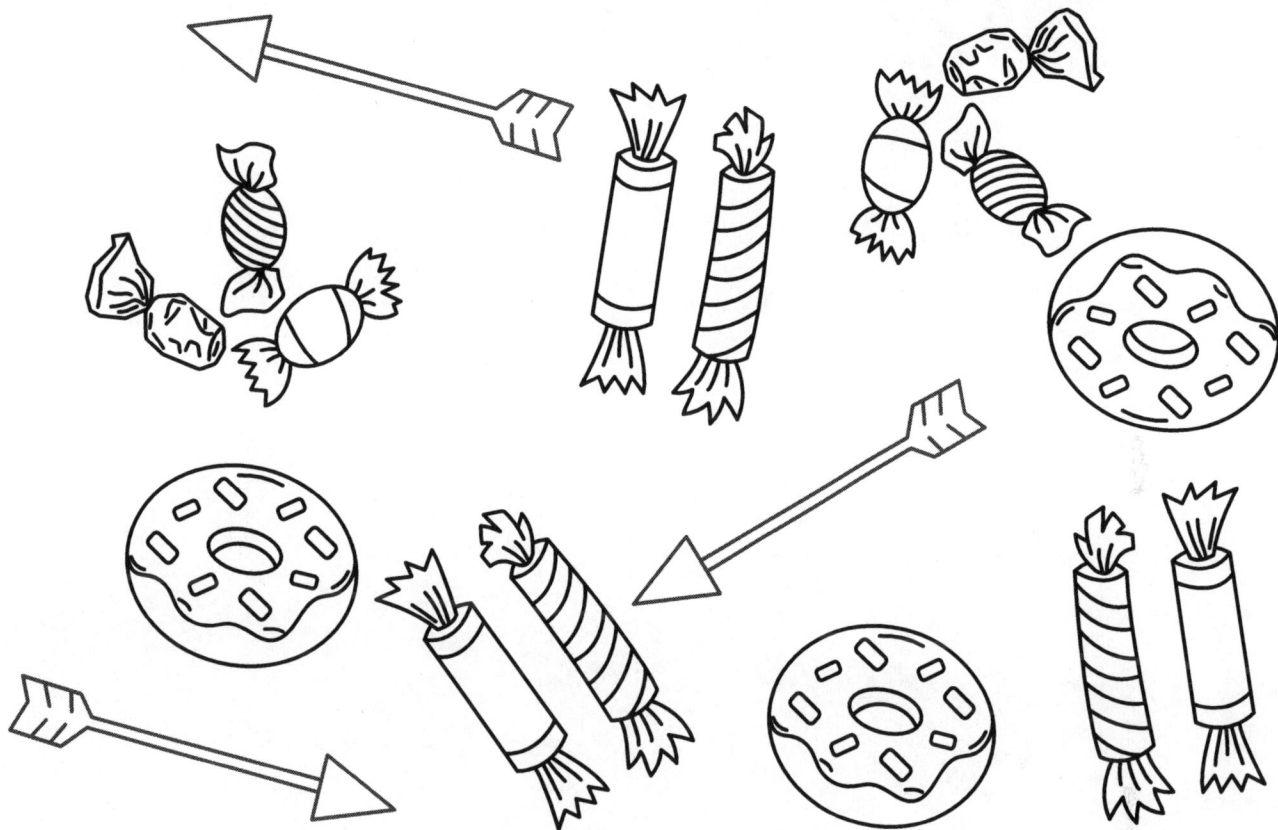

 _____

 _____

 _____

 _____

I SPY

I SPY U

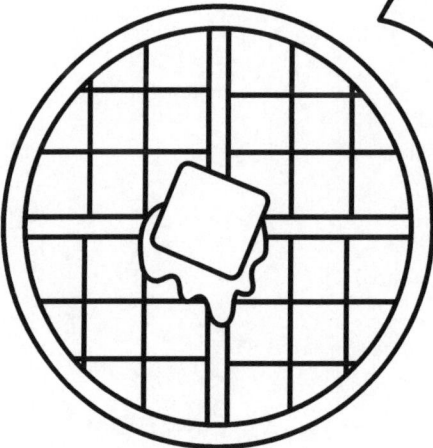

U is for

UMBRELLA

ANSWER

I SPY AND COUNT

 _____    _____

 _____    _____

I SPY

I SPY W

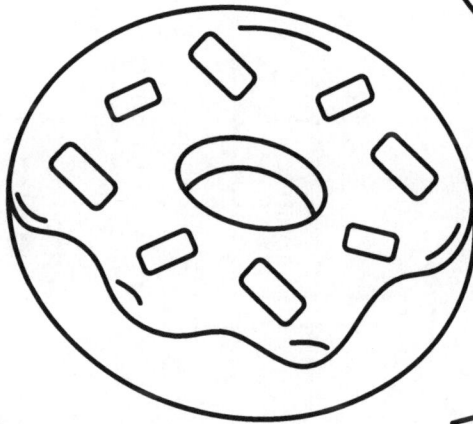

W is for

WAFFLE

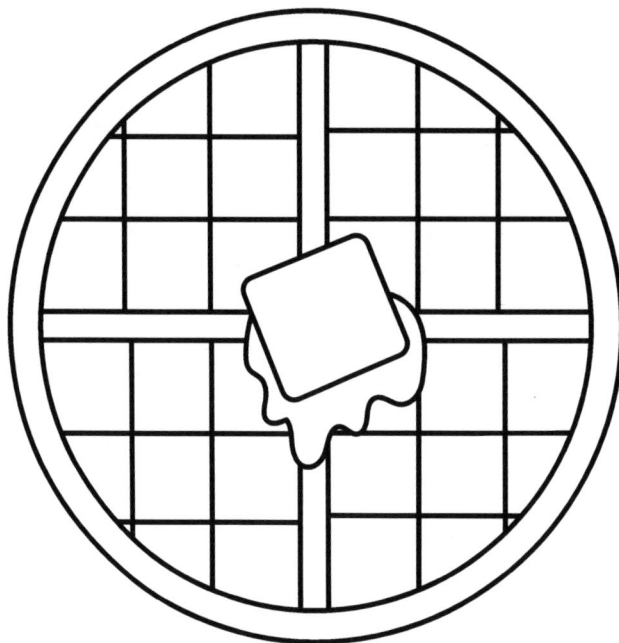

ANSWER

I SPY AND COUNT

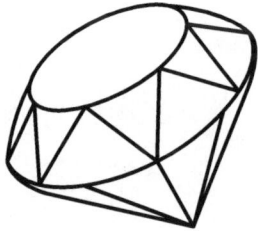

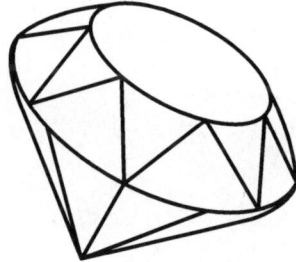

 _____

 _____

 _____

 _____

I SPY

Let's Solve The Maze & Color The Bunnies!

1. GREEN   3. WHITE   5. YELLOW   7. VIOLET

2. BLUE   4. BROWN   6. RED   8. PINK

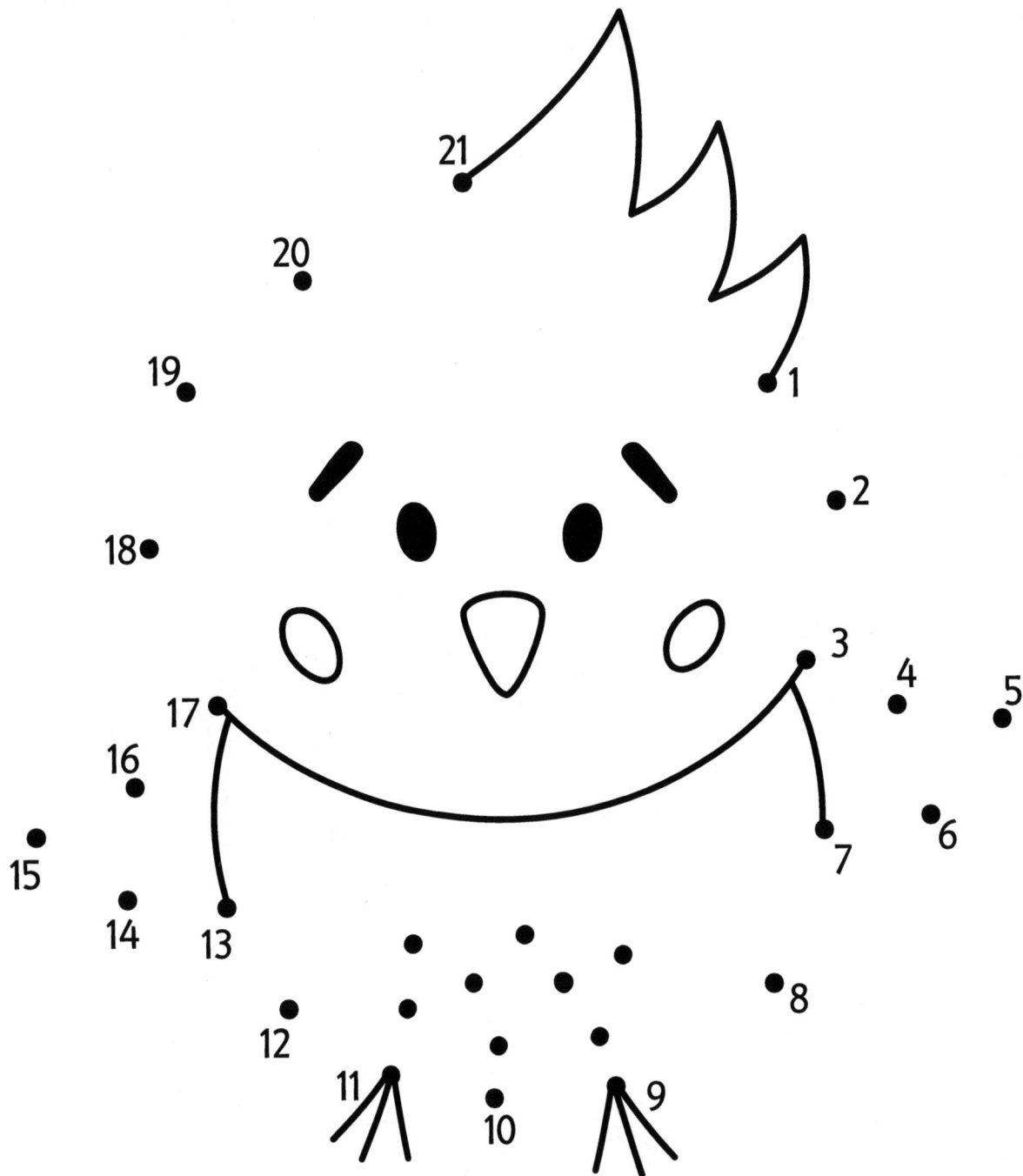

1. GREEN 3. WHITE 5. YELLOW 7. VIOLET

2. BLUE 4. BROWN 6. RED 8. PINK

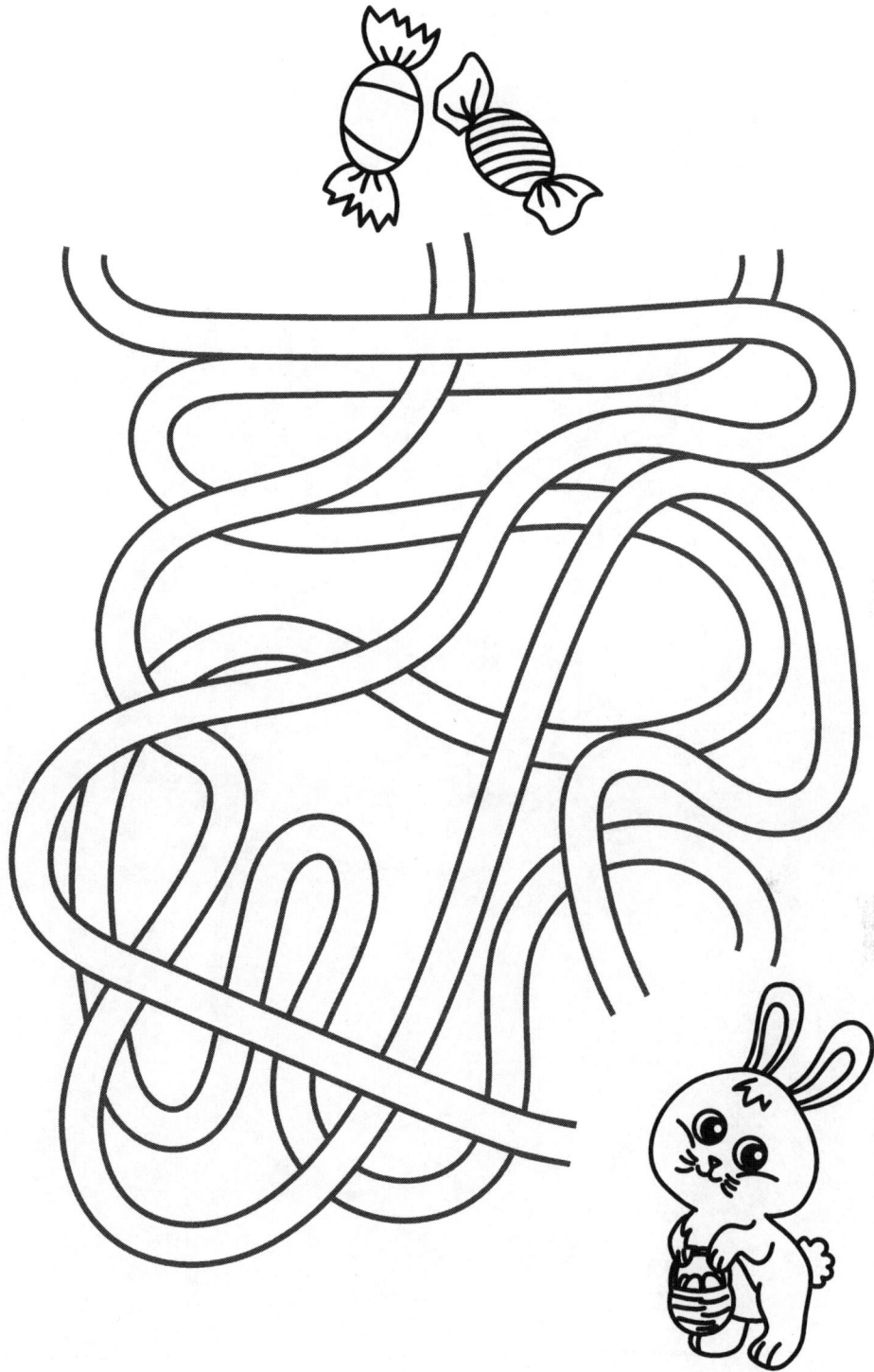

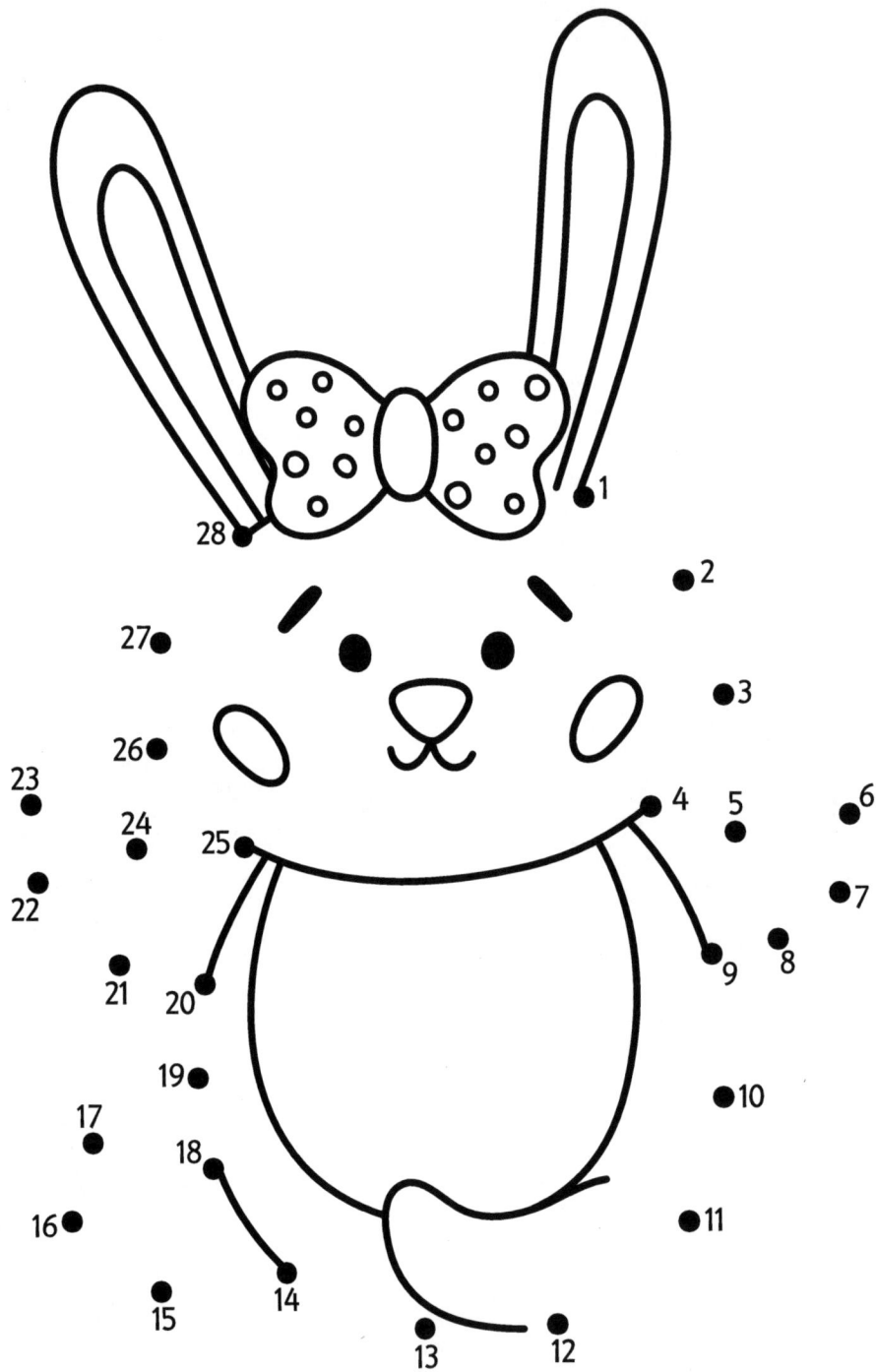

1. GREEN 3. WHITE 5. YELLOW 7. VIOLET

2. BLUE 4. BROWN 6. RED 8. PINK

1. GREEN 3. WHITE 5. YELLOW 7. VIOLET

2. BLUE 4. BROWN 6. RED 8. PINK

1. GREEN   3. WHITE   5. YELLOW   7. VIOLET

2. BLUE   4. BROWN   6. RED   8. PINK

1. GREEN   3. WHITE   5. YELLOW   7. VIOLET

2. BLUE   4. BROWN   6. RED   8. PINK

Made in United States
Troutdale, OR
01/26/2025